Simon gewidmet.

.

Haben Sie jemals einen dieser Tage erlebt?

Wenn du dich traurig und deprimiert fühlst?

Du bleibst lieber im Bett...

Das können Sie tun!

SPRINGEN SPRINGEN SPRINGEN

WIE EIN KÄNGURU!

Montag ist einfach ein ganz normaler Tag!

Es gibt immer Hausaufgaben zu machen...

Und wenn man endlich draußen spielen kann...

Sie können Ihre Lieblingsschuhe nicht finden!

Das können Sie tun...

SPRINGEN SPRINGEN SPRINGEN
WIE EIN KÄNGURU!

Dann wirst du dich glücklich fühlen!

Dann werden Sie sich freuen!

Sie werden die beste Zeit haben!

Das hatten Sie noch nie!

Alles was Sie tun müssen ist...

SPRINGEN SPRINGEN SPRINGEN!

WIE EIN KÄNGURU!

Wenn es draußen regnet...

Oder du bist an Grippe erkrankt...

Zerzause deine Haare und...

SPRINGEN SPRINGEN SPRINGEN

WIE EIN KÄNGURU!

SPRINGEN SPRINGEN SPRINGEN

WIE EIN KÄNGURU!

Ich wette, du hast noch nie ein trauriges Känguru gesehen ...

Oder ein trauriger Joey, nicht wahr?

Das liegt daran, dass sie wissen...

Genau das, was zu tun ist!

SPRINGEN SPRINGEN SPRINGEN

SWIE EIN KÄNGURU!

Dann wirst du dich glücklich fühlen!

Dann werden Sie sich freuen!

Sie werden die beste Zeit haben...

Das hatten Sie noch nie!

Alles was Sie tun müssen...

SPRINGEN SPRINGEN SPRINGEN

WIE EIN KÄNGURU!

WIR
KÄNGURUS!

Sprungserie auf Deutsch:

Springe wie ein Karibu!
Spring und sag Buh!
Spring in den Zoo!

Jump-Serie auf Englisch:
Springe wie ein Karibu!
Springe wie ein Känguru!
Spring in den Zoo!
Spring hoch und sag P.U. !
Spring auf und sag, es ist Valentinstag
Auch für Kinder!
Springe und suche nach einem Hinweis!
Steigen Sie ein und sagen Sie alles Gute zum
Geburtstag!
Springen Sie auf alles, was blau ist!
Spring, spring und sag frohe Ostern!
Springen Sie hoch und sagen Sie „Cock-A-Doodle-
Do".
Springe und singe Da-Do-Do-Do!
Spring hoch und frag wer? WER?
Springe und schreie wie ein Kakadu!
Spring hoch und frage: Bist du es oder das Schaf?
Spring auf und sag, dass in meinem Eintopf ein Iwww
ist!
Steigen Sie ein und sagen Sie frohe Weihnachten!
Steigen Sie ein und freuen Sie sich, frohes neues
Jahr!
Spring auf und sag, dass in einem Tutu ein Mu-Muh
ist!

Spring hoch und sag, da ist ein Hase in meinen Haaren!
Spring auf und sag, meine Tante hat eine Ameise gegessen!
Spring auf und sag, dass es im Vergnügungspark ein Erdferkel gibt

APPLAUD-REIHE: APPLAUS FÜR 1!
Applaudissez pour 2 !
Applaudissez pour 3 !
Applaudissez pour 4 !
Applaudissez pour 5 !
Applaudissez pour 6 !
Applaudissez pour 7 !
Applaudissez pour 8 !
Applaudissez pour 9 !

Autres livres pour enfants :
Le chat qui disait bonjour
Les trois rochers
Billy Shakespeare
Billie Shakespeare
Apprenez à dessiner avec symétrie

Non-fiction
103 idées de collecte de fonds pour les parents bénévoles auprès des écoles et des équipes